スキャルピングは楽しい！

2巻: 実践例題

Heikin Ashi Trader [著]

Table of Contents

1. スキャルピングとテクニカル分析 4
2. どうやって平均足を理解するの？ 9
3. いつエントリーするの？ 18
4. いつエグジットするの？ 22
5. 目標価格を設定しょう 25
6. 平均足スキャルピングの練習 .. 28
7. テクニカル分析は平均足スキャルピングに役立つのか？ 49
8. トレンドデイをどう理解するか 75

9. トレンドデイはどうスキャルプするのか 81

10. 結論 85

Heikin Ashi Traderが執筆した他の本をAmazonで入手 87

著者について 90

奥付 92

1. スキャルピングとテクニカル分析

本シリーズ、"スカルピングは楽しい"、の1冊目ではトレンドが上昇、下降、横ばいのどの状態であっても使えるシンプルなスキャルピングのセットアップをご紹介しました。このセットアップは普遍的にどのような時間足でもお使いいただけます。シリーズ2冊目ではテクニカル分析から得られる情報の典型的なパターンを紹介しながら、基本的なセットアップをより深く掘り下げて行きます。これらのパターンは一般的に簡単に理解でき、そし効率的にお使いいただけます。あなたがテクニカル分析に馴染みがなくとも本書で取り上げられている例題と照らし合わせる事で活用することができます。

本書は私が講演したウェブセミナーや指導プログラムの参加者から多く寄せられた質問を取りまとめたものです。2冊目でそれらの質問に答えようと考えています。私はかれこれ14年以上スカルピングを行ってきました。しかし今でも上達するための勉強や努力をやめるつもりはありません。その中で多くのトレーダーから質問や意見を頂き、それらが集結した結果2冊目を出すことができました。彼らに感謝の意を表明します。

本書はセットアップの高度な部分までは説明致しません。古典的なテクニカル分析の知識がなくとも、このシンプルな方法で取引を行うことができるようになります。私が知る多くのトレーダーは、私を含めて、チャートについて勉強することで取引のキャリアをスタートさせました。これは有利な面を持つ一方で不利な面も持ちます。テクニカル分析は地図作製と似ています。トレーダーは過去の流れから過去の動きと現在の動向を理解するこ

とを学びます。あたかも地図を読むことを学んでいるかのように。けれども地図を読めるようになっても最終的に旅があなたをどこに連れて行くか分からないものです。

また、この方法の不利な面は時間とともにあなたが初めてチャートを見た時に味わった新鮮な気持ちを失わせてしまうことです。一目見ただけで経験を積んだチャーティストは高値と安値を読み取ります。サポートとレジスタンスレベルを発見しトレンド、継続パターン、反転パターン等を見極めます。鍛え抜かれた目を持って彼らはそれをせざるおえません。これらの項目を見ないようにチャートを眺めてみてください。テクニカル分析を使って既に2,3年活動しているのであれば失敗してしまうでしょう。

この先入観の無い見方はテクニカル分析についての本を読んだことのない人だけができます。あなたが「抽象画」と表現するような絵

画をテクニカル分析者は「道路、家屋、樹木」として捉えます。つまりは景色全体が見えています。チャーティング分析を使ってきた為、私たちはこのような全く先入観の無い眺めに戻ることができません。またコンピューターシュミレーションも上記の事柄をもたらしました。シュミレーションはどのマーケットや普通株にも依らない事実上純粋なチャートを作成するプログラムです。コンピュータープログラムによって純粋に作成されたチャートを使用しても、チャーティストは彼自身が慣れ親しんだパターンを当てはめ始めるでしょう。トレンドラインを描き、高値や安値を割り出す等このように偏った見方から逃れることはできないのです！

上記にもかかわらず"製図家"として私はあなたが1冊目に書かれたセットアップを使かうことで取引から利益を生むことができると信じています。平均足は他と違いマーケットの"流れ"を可視化させるので大変役に立ち

ます。今回、この２冊目のe-bookでは私のセットアップとテクニカル分析の重要な要素を組み合わせたいと考えています。しかしながら、説明に使った例題を使う必要などありません。多くのスキャルパーは－1、2種類の取引指針で－取引を行い満足しています。他にも1冊目からの純粋なセットアップを使用して取引を行い、成功させている人もいます。取引ではあなたに最も合う方法を模索や発展させることが重要です－正解や間違いなどありません。

2. どうやって平均足を理解するの？

実践的な例題に取り掛かる前に平均足チャートの重要な項目を一通り知っておく必要があります。これらは多くの例題で使われます。始めに下記の図をご覧ください。平均足の最も重要な情報が集約されています。

図1: 平均足の特徴

トレンド	強気の相場	弱気の相場
トレンドが開始	上昇する緑のローソク	下降する赤のローソク
トレンドが強化	緑のローソクが巨大化	赤のローソクが巨大化
トレンドが弱体化	緑のローソクが小さくなり上にヒゲが付く	赤のローソクが小さくなり下にヒゲが付く
統合/トレンド反転	スピニングトップ/十字線	スピニングトップ/十字線

指標はマーケットの上昇・下降どちらにおいても重要です。平均足は他のチャート(例えばローソク足)よりもはっきりとトレンドを可視化させます。トレンドを一目で把握するためにこのような表現方法になっています。トレーダーはマーケットが上昇・下降トレンドかすぐさま知ることができます。ローソクの色を見れば間違いありません。

図2：平均足でトレンドを表現

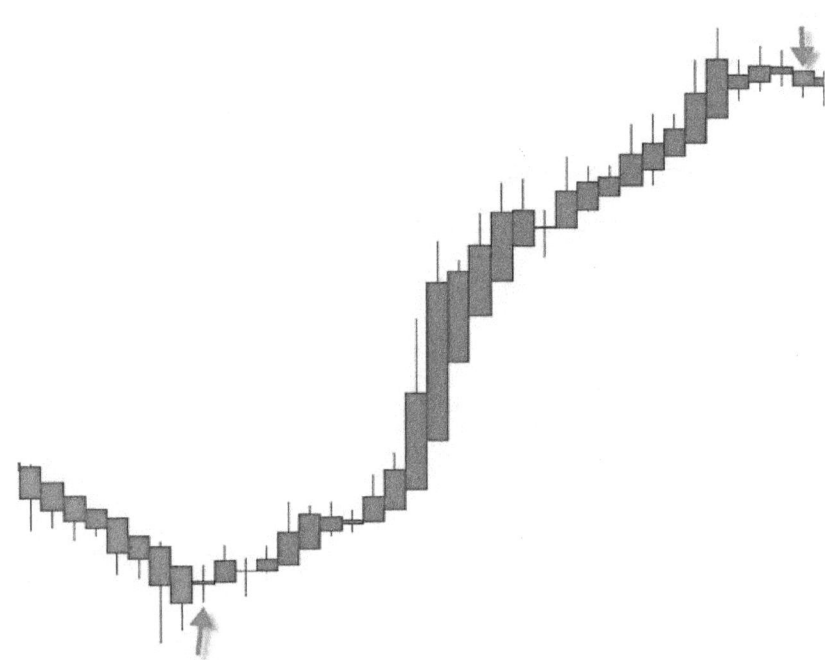

図2をよく見てみてください。下部の矢印より左にあるローソクは全て赤です。これはマーケットが下降トレンドにいることを示します。上の青い矢印は十字線を示し（詳しいことは後程説明します）、緑で表されていま

す。これは私にとっていつもの買いの目印です。続くローソクも緑であることが分かります；これで上昇トレンドが始まります。最初トレンドはためらいがちで中々動きません。ローソクが小さいまたはほぼ見えないがまだ緑であるという点から分かります。動きの中盤ではローソクは著しく大きく・長くなります。買い手が優勢です。上昇トレンドは明確に伸びています。トレンドの後半に入ると、まだ上昇し続けてはいますがローソクの長さが再び小さくなっています。トレンドの終盤では序盤と同じだけ小さくなり、十字線が現れます。上部の青い矢印が指し示すように、次のローソクは赤です。最後に、上昇トレンドが終了しました。色が変わったことから新しいサイクルが開始され、値段の下降が始まったことが分かります。

逆張りを狙うスキャルパーとしては終わりそうなトレンドが狙い目です。あなたはトレンドを見極め、現在が強いか弱いかを判断する

必要があります。ここでは、ローソクの大きさがとても大きな意味を持ちます。大きなローソクは大抵長い影を持っており、トレンドが発展しきったことを示唆します。上昇しているマーケットでは、間違いなく買いの最終段階に入っています。言うまでもなく買いと同じく売りも厳禁です！長く、強いローソクはパーティーがフルスイングであることを示します。皆ノリノリで乗り遅れると置いていかれてしまいますよ。

図 3: GBP/USD 2分足チャート

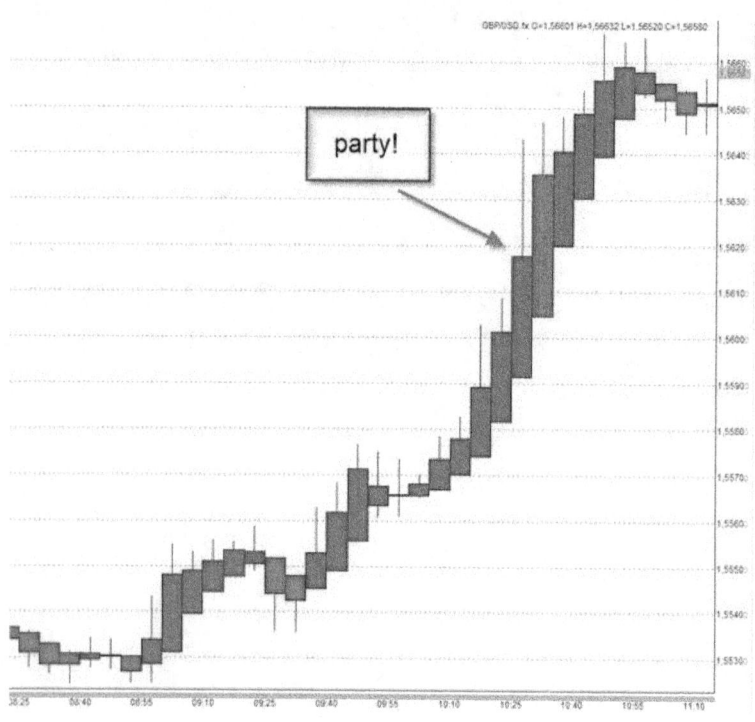

GBP/USDを表すこの図はパーティーの推測を明確にします。青の矢印が指し示す中部のローソクくはパーティーのハイライトです。買

い手はこの時間　を50ピップス以上も高く買います！と同時に、パーティーがもう直ぐ終わることを示す長いヒゲも見て取れます。次のローソクは少し短くなり、伸びは1つ前のローソクよりも小さくなっています。こうなると、ローソクはだんだんと小さくなり最後の2つの緑のローソクはほとんど伸びがありません。ここでは買い手が持ち球を使い切り勢いを無くしています。次に起こることをよく見ていてください；波の上部では反転ローソクが現れ、十字線またはスピニングトップへと変化しています。

図 4:十字線とスピニングトップ

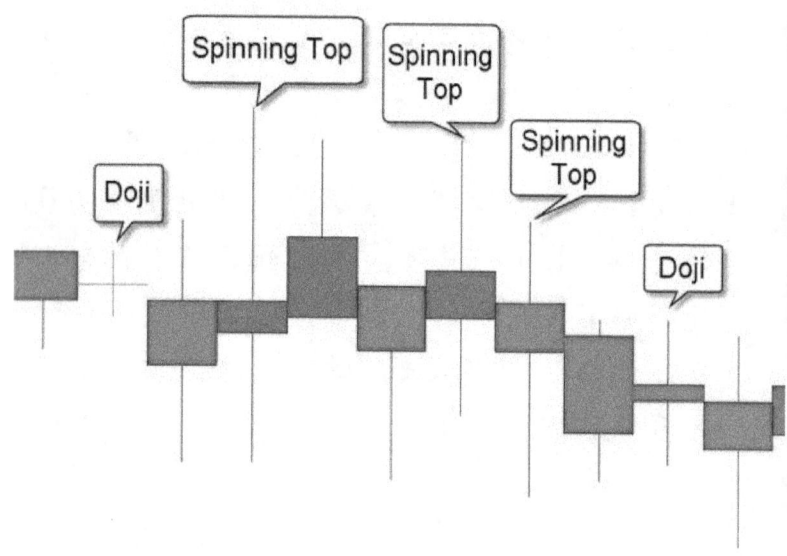

2つの違いは簡単です。十字線は小さなヒゲを持ちほとんど実体を持たないのに対してスピニングトップは大体長いヒゲと小さな実体を持ちます。十字線はバツや足す記号と似ています。つまり期間の始値と終値がほぼ一致しています。十字線は売り手と買い手が均衡

しているサインです。トレンドが変わる前触れとしてよく見られます。

一方スピニングトップは十字線と似ていますが、少し違う事柄を表しています。スピニングトップも、始値と終値が近いです。けれども実体の上下にある長いヒゲは振れ幅がまだ大きいことを示します。言うまでもなくスピニングトップはトレンドが弱まる時に見せる最初の兆候となります。強気筋、弱気筋どちらもマーケットで優勢となっていません。

どちらのローソクパターンも買い手と売り手のバランスが取れていることを示唆しています。マーケットの参加者はおおむね値段に"賛成"しています。

3. いつエントリーするの？

チャートに十字線やスピニングトップが出現すると現在の勢いがいったん収まったことになります。トレンドが一休みしているのかもしれませんし、補正の始まりかもしれません。逆張りを狙うスキャルパーとしては実に興味をそそられます。注目すべき点は；100%確かな事など無いということです。一時休止しているだけかマーケットが直前の動きを補正する準備をしているだけか判断がつきません。どうするべきか？あなたはこれら全てのことを知っている必要などありません。取引とスキャルピングは確立のゲームです；あなたの利益が損失を上回ることが最も重要です。

図 5: ショートトレード

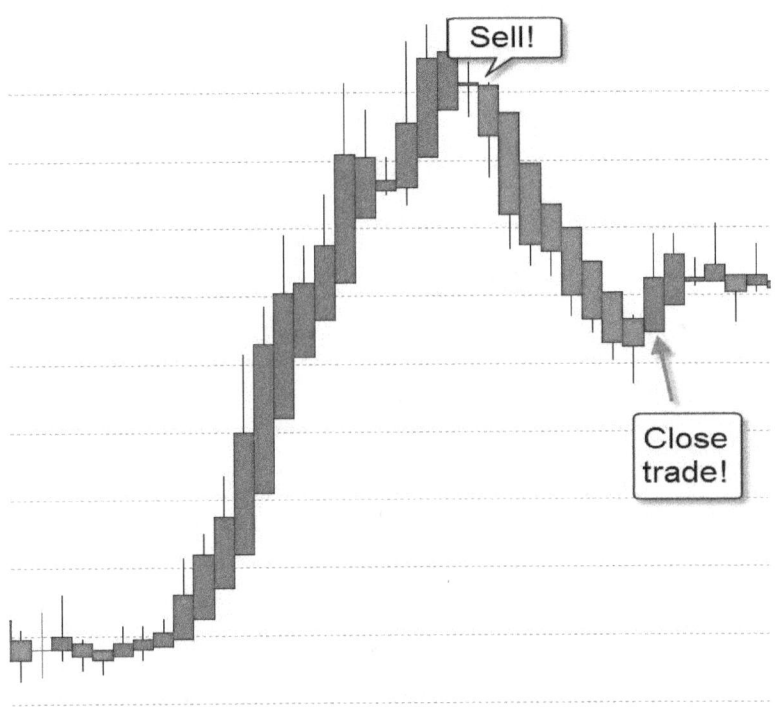

図の左側の著しい上昇トレンドを追って行くと、上部に十字線が出現します。これは補正の動きが起きる目印です。この十字線ローソクが完了したら成り行き注文で売りのポジシ

ョンを取るべきです。図から見て取れるようにマーケットはそれから連続してローソク7本分下降します。あなたが1分足チャートで動いていたならば、時間足は7分きっかりです。8本目のローソクは矢印が指し示すように再び緑になっています。つまり強気筋がマーケットの制御権を取り返しました。この時間にはあなたはポジションを閉じて利益を確認するのがベストです。

ショートで動いたそのすぐ後に、マーケットが直前の動きを続け、ただの一時休憩だったと気が付いた時、あなたは即座にポジションを閉じるべきです。これで損失が小さくて済みます。このような損失はトレーダーとして受け入れなければなりません。損失は私達のビジネスの費用です―それを忘れないでください！けれどももしあなたの判断が正しく、マーケットが反転したならば、利益が得られます(上図5の通り)。でも気を付けてください！ここでもまだ確かではありません。何故

なら反転がいつまで続くか予測することができないからです。マーケットは時々数ポイントやピップス動きまた元に戻ります。小さな利益を受け入れて次の取引に進みましょう。時々図5のような大きな補正(直前の動きの50%)が起きます。最も好ましいケースは、マーケットが直前の全ての動きを補正し更にそれを続けることです。このようなケースは稀で喜んで受け入れましょう。このような取引があなたの週の終わりのパフォーマンスを大きく向上させます。

4. いつエグジットするの？

この質問の答えはシンプルです：平均足のローソクの色が教えてくれます。図5を見てください。持ち返した後、十字線が出現し短いシグナルが現れました。次のローソクの色ははっきりと赤です。そしてマーケットは7分下降し、50%分直前の動きを補正しました。それから、最初の緑のローソクが出現し補正の動きが終了したことを知らせます（取引を閉じてください！）。あなたが1分足チャートで空売りしていて、マーケットが次から次へと赤いローソクを示していた場合はどうでしょう。出る必要などありますか？流れを楽しんでピップスやポイントを取れるだけ稼いでください。必要になって来ますよ。

さて、考えてみてください：あなたが取引やスキャルピングをしてる波はあなたが取引の

土台とした直前のトレンドと同じ法則に従っています。補正は一時的なものかもしれません。もしかしたら始めは控えめだから小さなローソクが出ているのかもしれません。大きくなり沢山利益をもたらすかもしれません。しかし補正は結局調整期間に入ります。もしローソクがここで小さくなるか十字線とスピニングトップが出現した場合、一般的に去るタイミングですーでも勝ちを手に入れることを覚えていてください！直ぐに緑のローソクが来ますよ。スキャルピングは平和的な思考の人の為のものではありません；このビジネスではちょっとした利益が全てです。

こんなこと当たり前のように感じますよね。もし前々からスキャルピングをして来てるのなら、もちろんマーケットが示している以上の物を得たいと考えますよね。それが人の理です。しかし、それは大きな間違いです。トレーダーとして、あなたは自分の辞書の中から「希望」という文字を捨てなければなりま

せん。小さな損失を躊躇いなく受け入れる必要があるように、常にそして一貫して利益を実際の分だけ実感しなければなりません。チャートが補正を終わった事をはっきりと示したら躊躇してはいけません。マーケットは連続した流れから出来ています。買いと売りの波は寄せては返し、あなたのやるべき事は出来るだけその波に乗ることです。つまり、波を出来るだけ正確に示す道具を持つことが最も重要です。私の目によると、平均足チャートがその最たるチャートです。

5. 目標価格を設定しよう

ここまで説明した基本的なセットアップは値段目標無しで使えます。平均足チャートのローソクの色が変わらない限り、スキャルパーは取引の中にいます。この基本的なセットアップをテクニカル分析と組み合わせると、価格目標を使うことができるようになります；すると、あなたの取引はマーケットの評価に基づくようになります。それらはマーケットの中で特定のテクニカルレベルのターニングポイントに依るかのか(詳しくは後のチャプターで解説します)？と疑問に思うかもしれません。テクニカルレベルを経験して来たならば、あなたの目標価格にぴったり届いた所を見てきたでしょう。けれども、マーケットが目標を大きく通り過ぎてしまう所も度々見たはずです。この場合指値注文はあなたの利益を制限します。これでは取引の重要なルー

ルに反します:損失を切り、利益を伸ばす。このルールはスキャルパーよりもむしろトレンド・フォロワーやポジション・トレーダー向けだと言えますね。

また、目標価格に到達する前にマーケットが反対に補正をかけてしまう事もよく経験しますよね。その場合、平均足ローソクがあなたを導いてくれます。ローソクの色は変わっていますか？小さくなってきていますか？十字線やスピニングトップは出現して来ていますか？加えて、あなたがスキャルパーとして価格目標を使って取引を行うことを考慮すべき理由がもう1つあります。目標価格は時々あなたが予想した時間よりも早く達成されます。あなたはポジションを直ぐに閉じることはできません。次の瞬間、マーケットは既に5,6ピップス高い事や低い事だってあります。

多くの取引システムにおける注文の自動化はマーケットを一方または逆に動かしますーあなたの望む方か、またはその逆か。そのため予め決めておいた終点と野心的な目標を持って挑むべきです。もし目標価格に届かなければ指値注文をマーケットから出してください。大きな動きのおかげで指値注文が達成したならば、マーケットで契約に至ったことに喜んでください。指値注文を使ったスキャルピングは利益をもたらす事もありますし、逆にディスアドバンテージももたらします。繰り返しますが、正解や間違いなどないのです。最終的にはスキャルパー自身で彼、彼女らのルールを確立しなければなりません。私の経験から、取引キャリアの経験を積み重ねて行くにつれて、自然と自分に合ったルールに変えていくでしょう。

6. 平均足スキャルピングの練習

さて、私がどうやってスキャルプをしているかを特定のEUR/USDの前場を使ってこれから解説します。下図では、私が取引をしている時に保存したスクリーンショットを載せています。それぞれの取引においてどうエントリーとエグジットをしたかをデモンストレーションします。またストップ・マネジメントについても説明します。最後は自身の結果を評価して行きます。

図 6: EUR/USD, 30秒足チャート

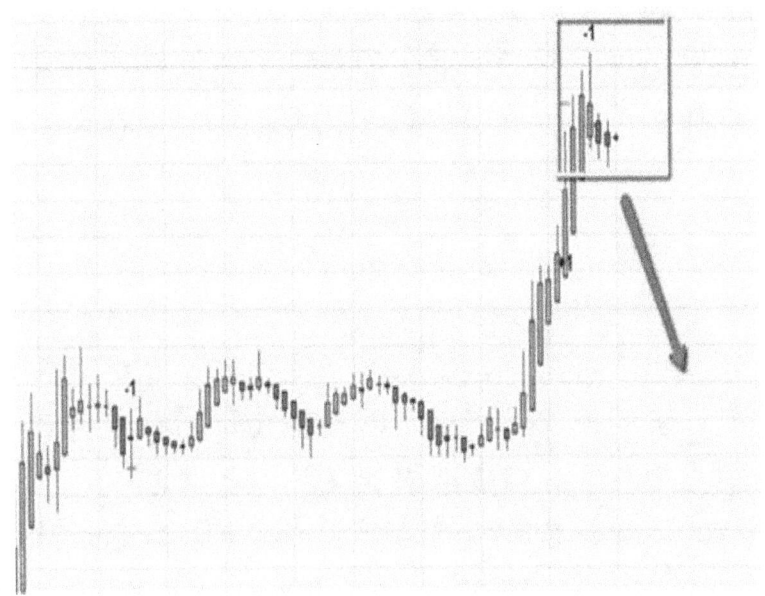

この日は動きの早いマーケットであったので私は30秒足チャートを選択しました。見ての通り、初期設定のチャートに固執することなく柔軟でいる事が重要です。マーケットは常に波打っており、毎日違う顔を覗かせます。時々早くなりますし、遅くなったりします。つまりある時はトレンドを1分足チャートで

評価するべきですし、別の日は2分足チャートが適当でしょう。これはクリックひとつで変更が可能です。取引の最中でも変動率が変わればチャートの設定を変える事ができます。

私たちはトレーダーです。常に固定パラメーターを選ぶようならば、その仕事はコンピュータープログラムに取って変わることができてしまいます。あなたの貴重な時間を取引に割くならば、自動取引システムとは違うアドバンテージを持つべきです。アドバンテージの1つは、経験を積んだスキャルパーとして、いつでもマーケットのチャートを手動で調整してマーケットを再評価することができることです。図6から読み取れる通り、EUR/USDは始めのうち左右に動きました。これらの小さな動きはスキャルピングをするに値しないほどとてもささいでした。私のセットアップははっきりしたトレンドで最も力を発揮しますからブレイクアウトが起こりユー

ロが再び上昇した時に注目しました。平均足のローソクはブレイクアウトの後より大きいと覚えてください―買い手が戻りました！もちろん、このブレイクアウトで取引できます、けれども私の哲学を分かっていますよね：ここではスキャルプをしません。私はマーケットのはっきりと明確なアクションを待ち、そして反動で取引します。なので私は集結が終わるのを待って1.3563(黄色い四角)の最初の赤いローソクで売りを行いました。この日最初の取引でしたので私は小さなポジション($100.000)を選択しました。マーケットの感触を確かめることは大事ですよ！

もう一つの私の取引哲学の定石は、流れの中にいることを心がけます。私は波と取引を行いたいのです。覚えていてください、だれも一日の取引の始めは流れにはいません；これは取引の過程で起こります。私はマーケットが最初のブレイクアウトの後に補正することを知っていたでしょうか？もちろん違いま

す！マーケットは私が正しいのか間違っているのか、そしてどれくらいまで補正したいのかを伝えてくれます。赤い矢印はおおざっぱな私の予想を示します。なので、私は図の左側の動きからユーロがブレイクアウトのレベルの弾みとなることを予想しました。

図 7 EUR/USD，2分足チャート

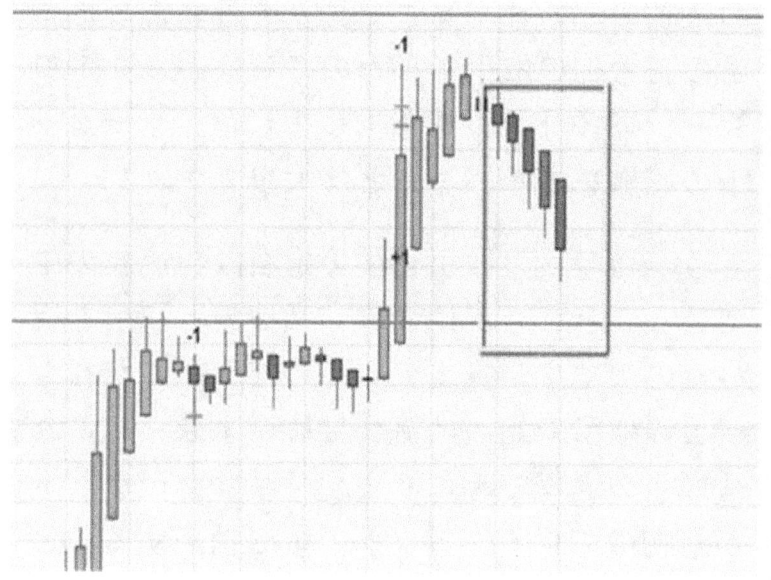

図7は広い範囲を見渡すために、2分足チャートに変更した時の図です。EUR/USDが先のブレイクアウトを補正し、マーケットは私の仮説が正しかったと示してくれました。図7では、私の目標価格が達成される直前を示しています。下部の水平線です。ここでは私の指値注文は1.3551に設定していました。レベルが達成されると、この注文は私のポジションを自動的に閉じます。先ほど言った通り、スキャルピングを行う際は現実的な価格目標を掲げるべきです。私にとってそれは以前のブレイクアウトのレベルでした。おおよそ私の買い注文が待っていた所です。私のシナリオが実現すれば、このスキャルプ取引で13ピップスの利益を得られる事になります。

上部の水平線は1.3571に設定したストップロスです。この注文は大きな損失を防いでくれます。なので、ストップはおおよそエントリー価格より7ピップス上でした。言い換えると、私は13ピップスを勝ち取るために7ピッ

プスをリスクに置きました。そしてこれはスキャルパーとしてはオススメの割合です。スキャルピングでは一般的にRRR(リスク/リワード　レシオ)は1:1です。スクリーンショットを撮った時、価格は1.3554でしたので、9ピップス先駆けていました。私の目標価格はそう遠くなく、ユーロ換算で65.90の資産の増加になりました。

図 8: EUR/USD，1分足チャート

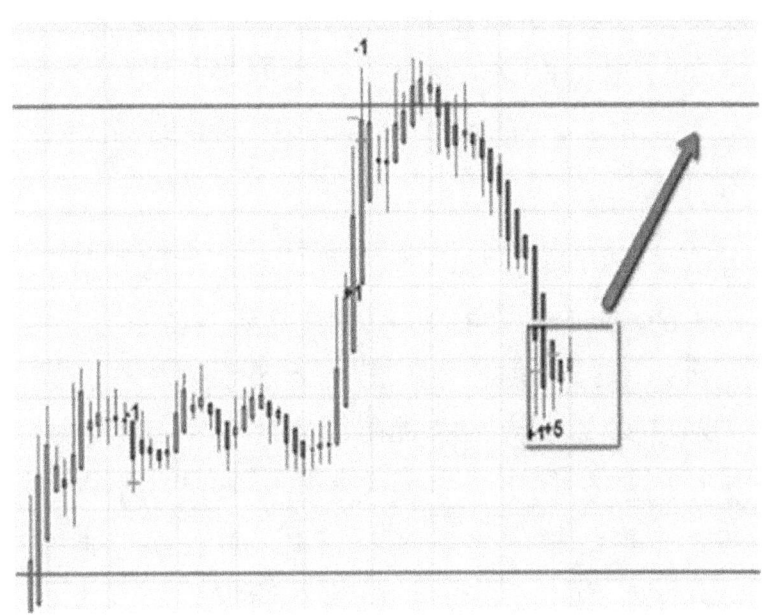

マーケットをより近くで観察したかったので1分足チャートー私のいつものチャート設定ーに戻しました。それが図8です。上図の-1は私の買いの位置を、+1は（黄色い四角）指値注文が閉じた時の私のポジションを示しています。描いたシナリオが数分後に起こり、期

待した13ピップスの利益を獲得しました。前述の通り、1日の始めだったのでスタンダードな$100.000のロットでしか取引していませんでした。スキャルパーだって準備運動が必要です！

自信を取り戻したので、高いギアに切り替え、5ロット（四角の中の+5）で直ちにもう一度買いで行きました。あなたが手練なら、調子が良くない時、株式市場では出来るだけ大きく利益を取りつつ損失を出来るだけ小さく抑える事に集中するべきです。これができなければ、取引を行わない事を選択するべきです。ショートトレードを閉じる時はもちろんバックスラッシュを期待しているという意味です。取引しないのでは筋が通りません。スキャルピングはマーケットがあなたに伝えていることに応えることです―他は何もありません。あなたの調子が良ければ考える事なくこれが出来ます。今回私は1.3552で5ロット取りました。図8中、下部の水平線は今回の

ストップロス注文です。1.3540に設定したのでエントリーから12ピップス離れていました。これは割と保守的な設定です。特に目標が1.3565と、14ピップス上に設定しているからです。リスク/リワード　レシオは劇的に変化します！　辛うじて1:1でした。

ここでは表示する事ができないもう１つの重要な要因があります:時間要因です。スキャルパーとして、描いたシナリオは早く起こって欲しいと考えます。マーケットに直ちに自分の期待する方向に動いて欲しいと熱望をします。数分経っても動かないようならば、私はストップロスをじわじわとエントリー価格へ近づけて行きます。この感覚は多くのトレーダーが経験体験したことに基づいています。取引が上手く行っていない時、成功する確率は時間を経るごとに下がって行きます。トレーダーとしてそのような場合はダメージを出来るだけ限定させる事が必須です。１つのやり方としてはストップへの距離を縮める事

です（広げてはいけません！）。やがて、大抵その時はすぐ来るのですが、取引は上手くいかないままポジションを閉じる方が得策だという直感が台頭します。結局は小さな損失に繋がりますが、遅かれ早かれこの感覚を掴むようにしてください。事が期待通りに動いても動かなくてもこのルールは厳しく守っています。そうでなければ私はマーケットから退出しています。今回ストップは「もしかしたら良い感じに終わるかもしれない」などという不必要な考えから守ってくれる役割を果たしました。私の思う通りにマーケットに動いて欲しいのです；そうでなければとっとと退出しましょう。

図 9: EUR/USD，1分足チャート

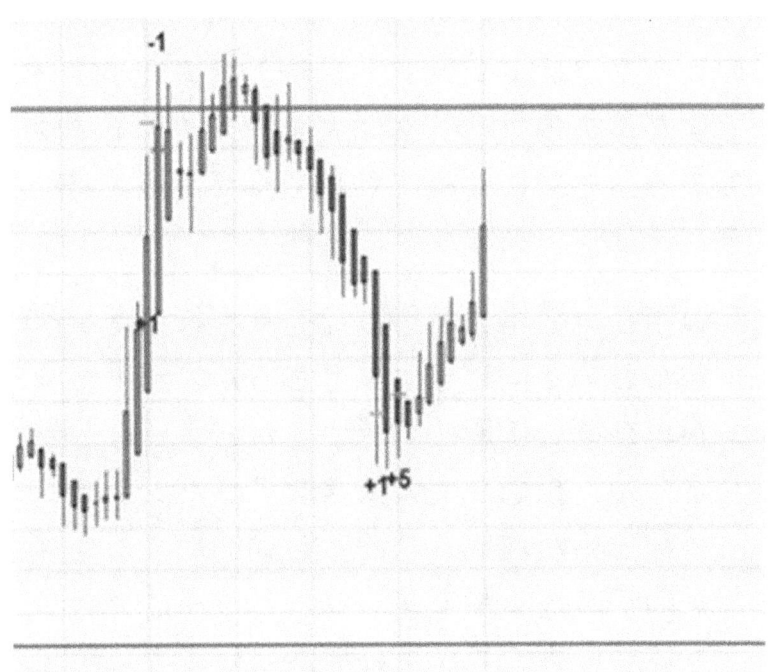

図9では図8から7分経過した後を示します。
取引は勝ったものですね。目標(上部の線)に
はまだ届いていませんが、私の仮説は正しい
ように思えます。EUR/USDは1.3562にあり、

丁度エントリー価格から11ピップス上です。362ユーロのキャピタルゲインです。平均足のローソクはトレンド上昇時、始めは小さいですが最後のローソクは大きくダイナミックである事を気に留めておいてください。パーティーはフルスイングの状態です。

私の新しい価格目標は以前売りを行ったレベルとおおよそ同じです。もちろん、マーケットが再び同じ場所に到達するかどうかは分かりません。指値注文の大きなアドバンテージは目標価格が達成されると自動的にポジションが閉じられる事です。けれども私はマーケットはこのターゲットに届かないように思えます。そしてそれならば目標価格を低く設定するだけです。判断の問題なのです。勢いが無くなりましたか? そしたら今利益を取ってしまうのが賢明でしょう。ここでも平均足チャートが助けになります；勢いが続いているのかはっきりと示してくれます。

図 10: EUR/USD, 1分足チャート

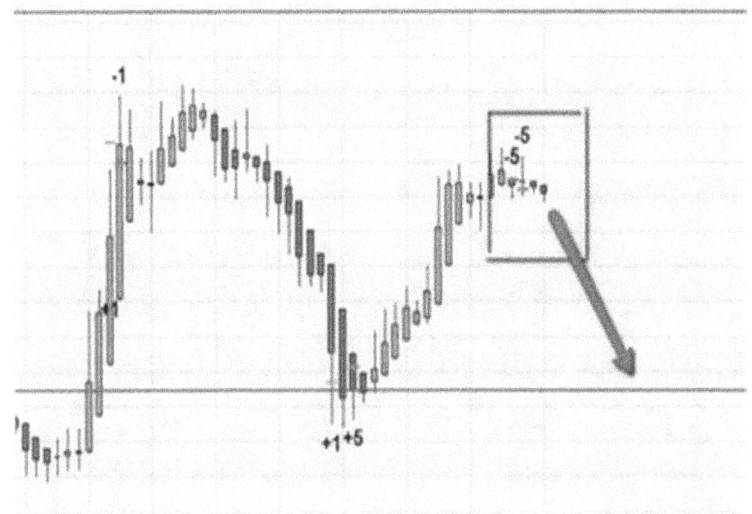

来ました！最初の希望に満ちた動きの後はそれ以上高く上がりません。平均足のローソクは小さくなり、マーケットは横ばいになり動き始めーよく見てくださいー最初の十字線が現れました！私にとって利益を実感し、即座に次の売りに移動するのに十分です！マーケ

ットが上昇したくない、できないと感じた時は、売りに転じるべきです。最も論理的です。

けれども言うまでもなく、警告が発せられるべきです：私たちは上昇(!)しているマーケットにいるのですよ。チャートを左から右へ見て行くと分かっていただけるでしょう。この状況での空売りは明確なカウンタートレンド取引です。取引を閉じて利益を得たとしてもあなたは流れに逆らっています。私の空売りエントリーでは1.3562でした。1.3572でのストップ(上部の水平線)はエントリーから10ピップス離れています。目標価格1.3550より11ピップス低い設定です。リスク/リワード　レシオの1:1ですね。上記の通り、取引が思った通りに動かなかった場合に備えてストップをエントリーの方向に急いで動かします。取引やスキャルピングを行う事はチャンスとリスクを自分で考えた戦略通りに操作する事です。ですので、常に安く手に入れるよう心が

けて下さい。良きスキャルパーはチャンピオンです！

図 11: EUR/USD, 1分足チャート

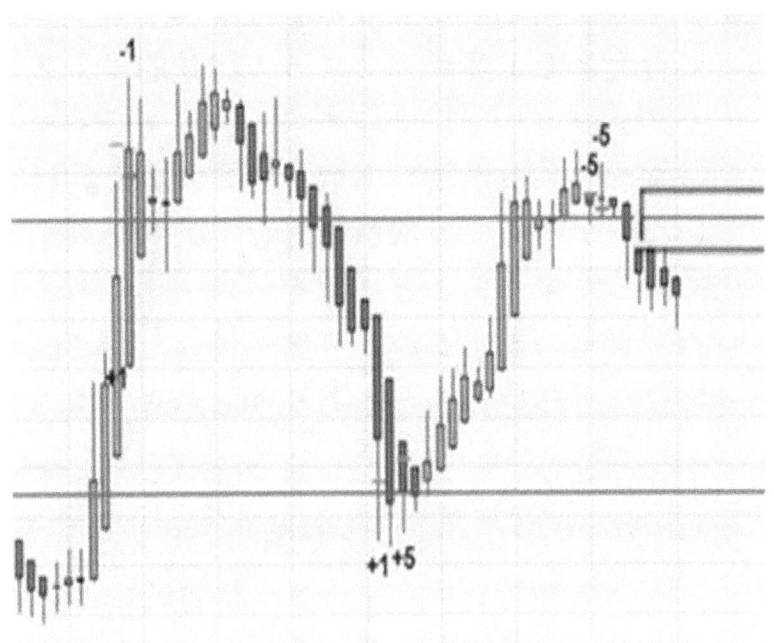

図11はこのアプローチを体現しています。空売りをし、すでに数ピップスの利益を生んでいます。ですが、動きの勢いが小さすぎるように感じました。そのため、私はストップをブレイクイーブン(四角の中の上部水平線)に設定しました。こ早すぎるタイミングでこれを行う事はお勧めしません。注文がマーケットに近過ぎると変動率によって比較的早くストップアウトしてしまいます。言うまでもなく、マーケットが動いて欲しい方向に変動していないケースでは取引に対してスペースを広く取りすぎないことに気を付けます。ある時点で素早い補正が起こり気が付いた時には赤字になっていることもありうるからです。

ストップをブレイクイーブンに置くと、リスク/リワード　レシオはまた劇的に変化します。ストップをブレイクイーブンに置くのはフリートレードです。最悪、マーケットからは何も得られません。それでも欲しい方向に動くかもしれないというオプションは残してお

く事ができます。これはもちろん、全てこうあってくれたら平和です。現在のトレンド（上昇）に対してスキャルプトレーダーは、そのような取引が大変有益であったとしても、もう少し警戒心を持って続けるべきです。

図 12: EUR/USD: 1分足チャート

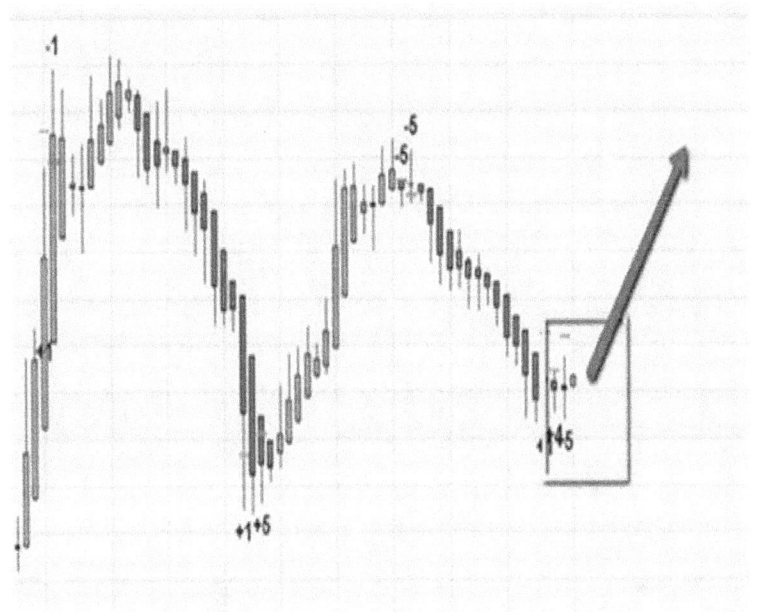

私が設定した目標価格は達成されませんでしたが、しっかりと利益を得て取引を終える事ができました。十字線が変わり目となっているのがはっきりと分かります。そのためまた5ロットで長く始めました。

図 13: EUR/USD: 1分足チャート

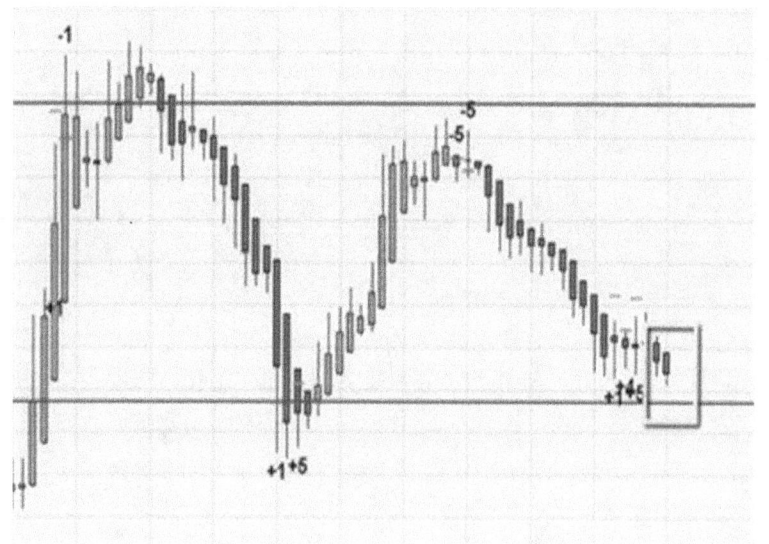

今回運は私に向いて来ませんでした。3分後、ローソクはまだ赤のままです。今回マーケットの方向を見誤ってしまったようです。そのため、ストップロスをエントリー価格に近付けました(下部の水平線)。まだ少し隙間がありますが、経験からこの状況は損失で終わるだろうと考えられます。ダメージは最小限に抑えましょう！今回は226ユーロの損失でした。しばらく休憩します…

図 14: 4回分のスキャルプトレードの結果

取引番号	ロット	買い/売り	開始	終了	ピップス	ユーロ
1	1	売り	10:33	10:55	13	124.00
2	5	買い	10:55	11:10	11	530.00
3	5	売り	11:11	11:26	7	354.00
4	5	買い	11:27	11:48	-5	(226.00)
合計	16				26	**782.00**

良い流れの時のスキャルピングは良い結果でした。26ピップス分、ユーロ換算で782.00を稼ぐことができました。もちろん、いつも思う通りには動きません。けれども練習を重ねれば今日のような良い日を幾度となく得られるでしょう。スキャルピングは楽しいですよ！

7. テクニカル分析は平均足スキャルピングに役立つのか？

さて、ここまでで成功する平均足スキャルピングの土台をセットしてきました。あなたは理論上この知識量でスキャルピングを開始することができます。けれども、私は本書では更に興味深い知識を提供したいと思います。チャプター3でご紹介した土台のセットアップをテクニカル分析と組み合わせたいと思います。テクニカル分析の要素がセットアップを支えるのかを調査します。ここでの疑問は：更に正確にエントリー（とエグジットも！）を実行できるのか？これからご紹介する例題では、スキャルピングのセットアップとテクニカル分析の重要な要素が上手く組み合わさること、またそれが実際に確認されていることをお見せします。

A. サポートとレジスタンス

図 15: EUR/USD, 1分足チャート

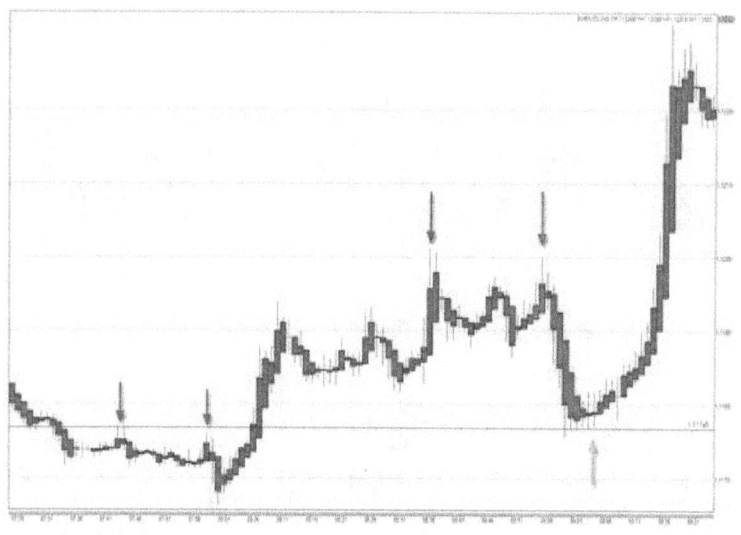

この例題では、よくあるEUR/USDの前場を示しています。早朝の取引(チャートの左側)では、主に横に停滞した状態です。水平線はサポートラインを示します。サポートラインについては後程重要になってきます。ユーロは

午前7：00と午前8：00（ヨーロッパ時間）にこの線の周りで踊っている状態です。始め、線はサポートですが、少し後になるとユーロは線の下に落ちます。したがって抵抗に変わります（下部の2本の矢印）。午前8：00が過ぎると、マーケットは再び線を追い越します。ローソクは大きく、はっきりと出てきます。これがマーケットに買い手がいる事を示すこの日最初の兆候です。そう、30分後1.1200周辺の点が逃さず捉えようとします(3,4本目の下矢印)。始め、2度試しています。ここで取引をしても良かったのですが、平均足ローソクが良い感じのセットアップとならなかったのであえてしませんでした。そしてここから面白くなりますよ。マーケットは少し戻りまたサポートラインをテストしていますが、午前8:00過ぎにすぐ打破します。典型的な動きです。さて、ここでEUR/USDがどう動いているのか詳しく見て行きましょう。

図 16: EUR/USD，1分足チャート

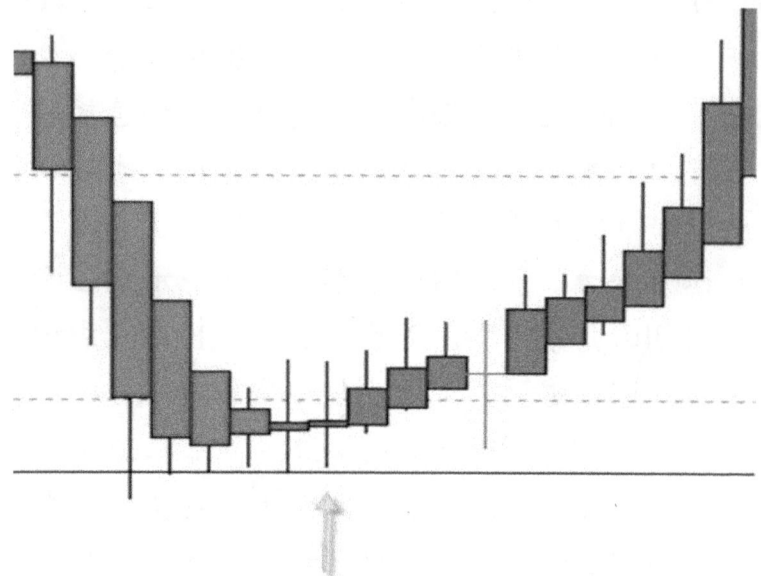

ラウンドナンバー1.1200をテストした後、EUR/USDは20ピップスほど戻ってきたのが分かります(左側に赤いローソク)。これは3-4分で完了しました。次の2つのローソクは著しく小さく、勢いの消失を示します。価格がサポートラインと接触していますが、それよ

り下には落ちません。そして次のローソクは十字線、売りと買いの均衡が取れています。ここでは、平均足スキャルパーは油断なくコースを追う必要があります。何故なら次のローソクでは、色は赤から緑に変わっているからです(緑矢印)。買いのサインが来ました！スキャルパーとしてためらってはいけません。あなたは買うべきです。次のローソクで既に買い手が動き出して価格が上昇している事が読み取れるからです。この例ではストップロスをきつく設定して取引に臨むことができるというアドバンテージがあります。そうですね、今回は3-5ピップスが妥当です。

ストップをとてもきつく設定することは、マーケットの何かしら偶然な動きによってはじき出されてしまうリスクを負うということでしょうか？ 答えは：YES、負います。どのマーケットでも起こります。それは取引の過程の一部であり、あなたはその小さな損失を見極める力をビジネスの勉強代として学ぶ必要

がります。この状況ではストップを大きく取ろうとは考えないでください。サポートラインが保つかどうかは別として。強気筋は8：00から遊びまわっていました。ここで何ができるか見せつけるべきです。そして彼らはマーケットの尻叩きました。ラウンドナンバー1.200を勢いで抜いただけでなく、更に20ピップスも上に乗せました。持続期間：2分。言い換えれば、この絶好の機会はあなたに最初の40ピップスを稼がせたかもしれないのです。40ピップスも。ほとんどのスキャルパーの1日平均をも上回ります。機会は存在します。とても有能で音も立てないほどの恥ずかしがり屋なだけです。

図 17: EUR/USD，1分足チャート

図17サポートがレジスタンスに変化する典型的なケースです。この日はEUR/USDのとても静かな日でした。朝早く、ペアは辛うじて1.1420レベルを守っています(チャートの左側の水平線)。午前9:00少し前、売り手はやっとこのサポートを突破することに成功し、EUR/USDを控えめに1.1380の近くへと動かしました。EUR/USDが1.1420レベルに戻るま取

引はいくぶん活気がありません。強気のローソクがレジスタンスレベルにかすめた後弱まっているのが良く分かります。レジスタンスの突破を2度の試みて失敗したあと、最初の赤いローソクが出現します（下矢印）：売りの印が来ました。今回は10-15ピップス稼ぎました。

B. 数日前のスイングハイとスイングロウ

図 18: USD/CHF，1分足チャート

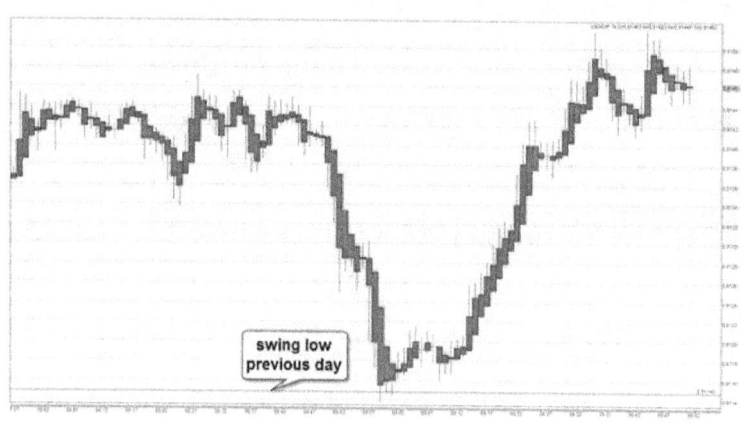

図18はUSD/CHFの通貨ペアの1分足チャートを表しています。スイスフランが取引の始めに横に動いた後(上部左)、午前9：00少し前(ヨーロッパ時間)下降に転じました。そして前日のスイングロウを完璧になぞります。この時の最初の緑のローソクは十字線です；けれども、テクニカルチャートポジションからロングポジションが正当化されたと判断できます。関連性からストップロスを5ピップスとしてスイングロウを取引できます。USD/CHFが完璧に先ほどの動きを補正できたことが見て取れますね。通貨取引では珍しいことではありません！

図 19: EUR/GBP，5分足チャート

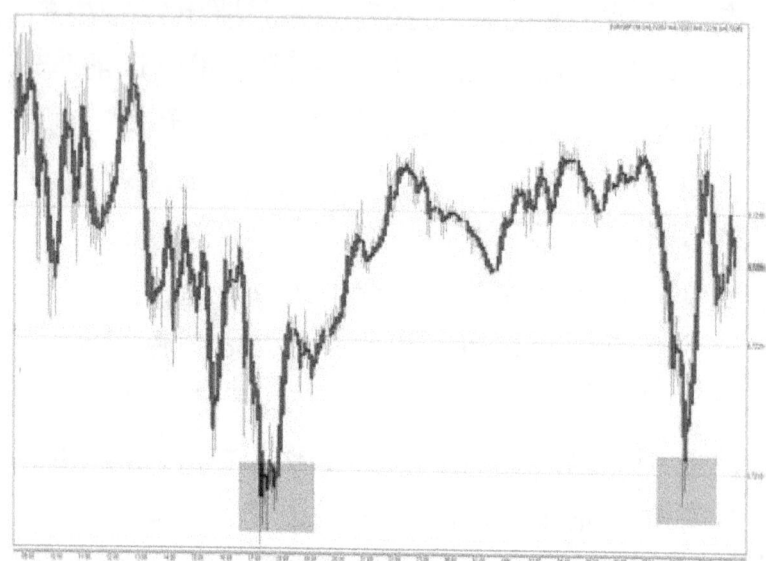

図22はEUR/GBP通貨ペアの5分足チャートです。再度、マーケットは前日のスイングロウをテストしています(最初の濃い長方形)。そのような突然な弱さは一般的に絶好な買いの機会です。なぜならマーケットの参加者はこのレベルをよく身体で覚えているからです。マーケットで割引を狙っているインスティトゥーショナルな注文が埋まるのを待っていま

す。多くの場合、自分達の買い注文にマーケットを寄せるように動かした人達と同じ役者です。大きなお友達はやり方を分かっていますね！

図 20: DAX, 1分足チャート

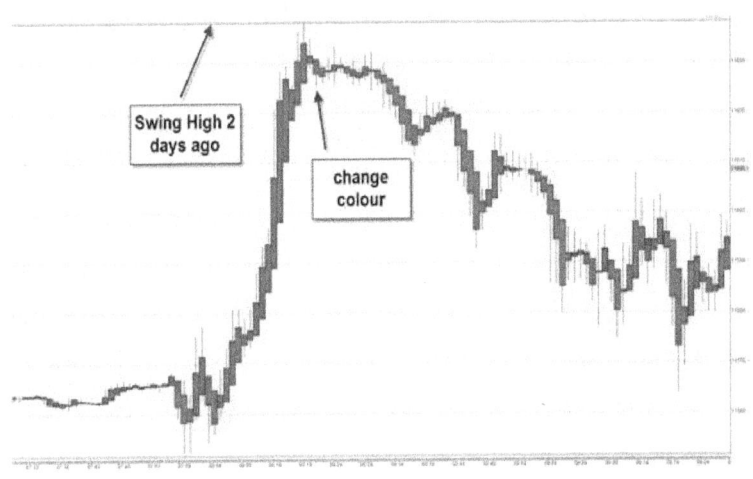

ドイツDAX指数も1分足チャートをスキャルプする時のお気に入りのマーケットです。図20の例も同じく典型的なものです。DAXがプリ

マーケット取引（午前9時前）の時に小さく集結しているのが分かります。そして以前起こったスイングハイに到達します。このレベルは2日前のものでしたが、マーケットの参加者がこのレベルを覚えているのが分かります。価格がレベルに到達（影響）すると、ダイナミックな動きが消滅し、次のローソクが赤への変わっています。売りのサインが出ました。仮に、後に続くものが模範的でなかったとしても、確実にいくらかのスキャルパーは最初の緑のローソクでポジションをまた閉じたでしょう。とにかく、10-20ポイントの稼ぎは確実に可能でした。依然としてスイングハイかスイングロウを打つのはエントリーレベルで度々起こります。少なくとも小さな補正を見込めるからです。そのようなレベルは大変重要な経済事項に基づいた集結でなければ、ただ単にマーケットから取り出されるわけではありません。

C. FXにおけるラウンドナンバーの重要性

図 21: GBP/JPY 1時間足チャート

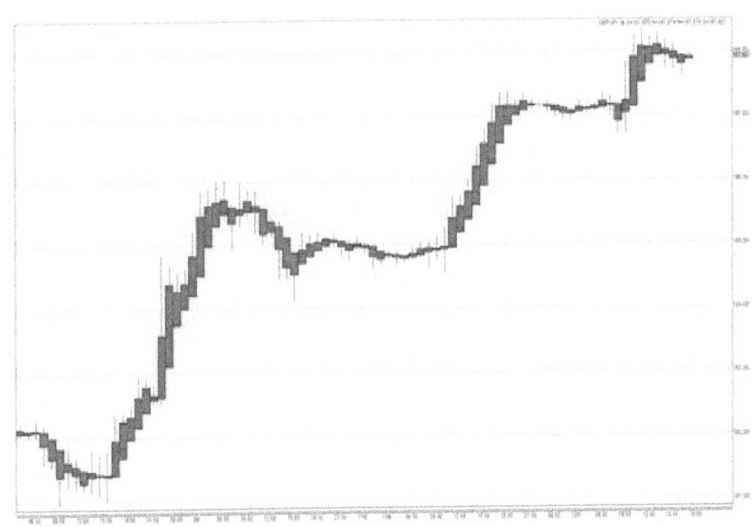

図21はGBP/JPY通貨ペアの1時間足、別名"ザ・ビースト"と呼ばれているチャートです。GBP/JPYは私のお気に入りの取引マーケットの1つであり、その理由を教えましょう。"ザ・ビースト"はその名の通り野生の動物で

す。けれども自身で何をしているか分かっているトレーダーは、このマーケットで稼ぐことができます。見ての通り、彼はおおよそ1日で200、時には300ピップス以上動き回ります。これぞマーケットです！勿論、ふり幅はより大きくなります；手なずける為にはリスクマネジメントをしっかりと行う必要があります。チャートは強気筋が最終決定を行ったことがはっきりと分かりますよね？もし私が賢いスキャルパーならば、第一に長く興味深いシグナルをマーケットから探します。早速縮図を見て行きましょう。

図 22: GBP/JPY: 1分足チャート

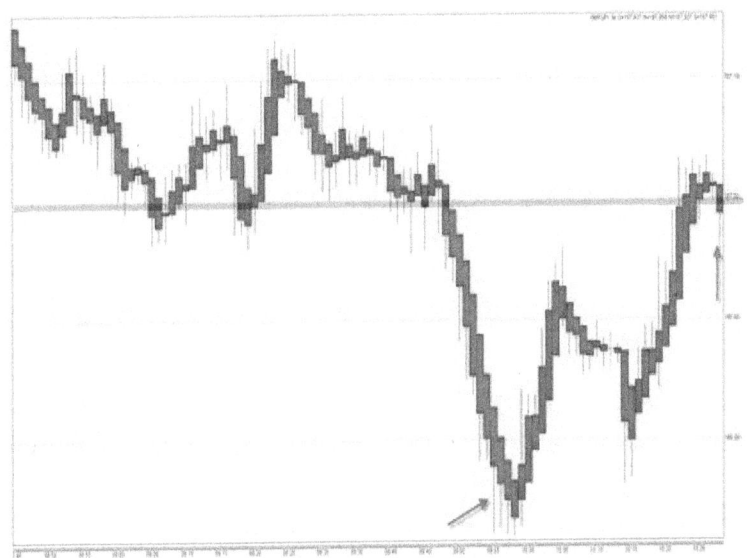

図22では、再び1分足チャートを見て行きます。チャート中央にある青の水平線はラウンドナンバー187.00を示しています。これが重要です。早朝の取引ではレベル187が始め防衛されています。それから午前10時少し前、弱気筋がマーケットをこのレベルから30ピップスほど下に押し進めることに成功しました

。下へ続く素敵な赤い階段だと思いませんか？この動きを予期することは簡単な事ではありません。けれどもこのような美しい下降線はスキャルパーとしての私へのご褒美です。その内補正されてしまうことは知っています。ローソクの色が緑から赤に変化した時買いとしてスキャルプすると10ピップスは早く動けたでしょう。それからマーケットはまた少し戻りますが先ほど下降した所には届かず再びレベル187まで上昇します。さて、これはとても重要な情報ですよ！弱気筋はマーケットを下降させようとしました、しかしこれは失敗しました。強気筋は楽々とマーケットを開始地点へと押し返します：そう、187.00に！それでは次に何が起きるか見てみましょう。

図 23: GBP/JPY，1分足チャート

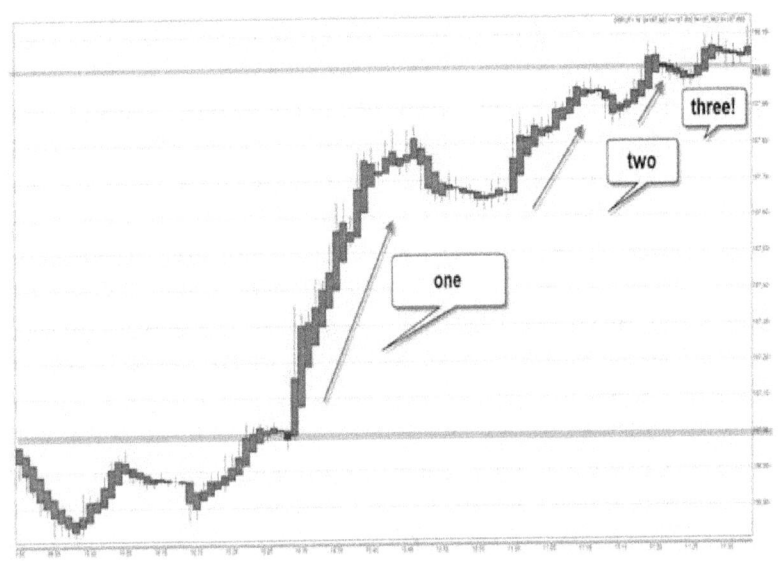

図23の左側では、図22がどこに繋がったか見て取れます。強気筋は"ザ・ビースト"を朝の開始地点、すなわち187.00(下部の線)へと押し戻しました。そして彼らは1日の仕事をやってくれます！3回の波に分けてGBP/JPYを次のラウンドナンバーである188.00へと動か

します。1、2、3！賢いスキャルパーなら誰しも取引したであろう3つの素敵な波です。

もし早朝の弱々しさをはったりだと解釈していたのなら、187-レベルを当然直接買っていたことでしょう。始めの波(最も大きい)から買い手が188-レベルをマーケットから取り出すことを信じていたでしょう。午前10時半から午前11時半までの1時間で100ピップスです。これができるのはマーケットで経験を積んだ人だけです。"ザ・ビースト"は100ピップスを一ひょいっと一動くのが好きなのです。だからこのマーケットが好きでもあります。もしそのような動き(ストップロスは5-10で設定)を時々でも掴むことができたならばあなたは株式市場の勝者に分類されますよ。

図 24: USD/JPY, 1分足チャート

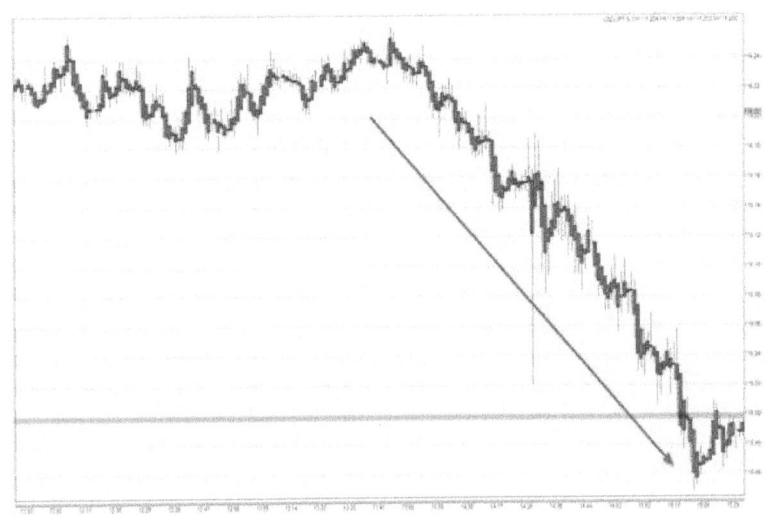

先ほどとは全く違うチャートですが、同じだけ興味深いスキャルピングマーケットがUSD/JPY通貨ペアです。ここでは、ふり幅がGBP/JPYよりも大変小さいのが分かります。USD/JPYはその通り円の主要なペアです。そのため1日での流動性が最も大きいと言えます。20ピップス動いたということはマーケットが既に調子がいいことを示唆しています。

ふり幅が小さいため、ストップをきつく設定しても大丈夫です（エントリー価格から2か3ピップスの所）。この例でも同じケースでした。ラウンドナンバー119.00まではっきりとした下降の動きが読み取れます（青の水平線）。さて、ワクワクしながら次に起こることを見てみましょう。

図 25: USD/JPY，1分足チャート

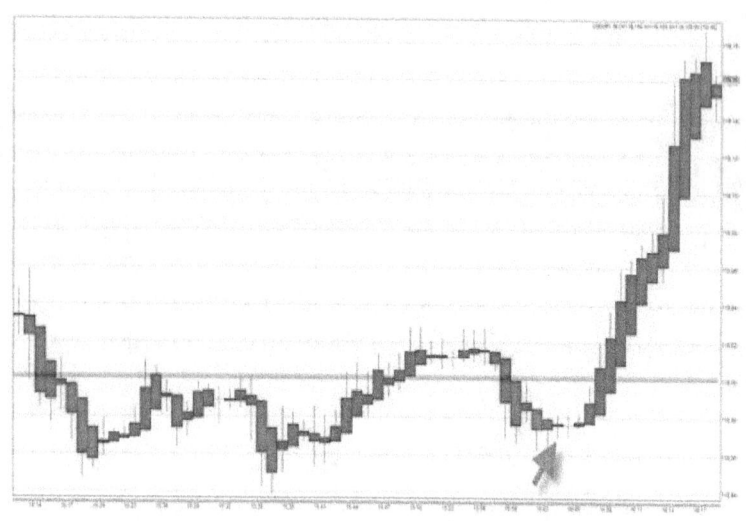

図25では、USD/JPYがラウンドナンバー119(青の水平線)でトリプルボトムを形成しています。これはとても重要です、特に3つ目の谷(青の矢印)がどことなくその前の谷よりも高い位置にできているからです。何度も言いますが、これは重要な情報です：買い手はこれ以上119.00-レベルを超える降下を認めません。119を防衛する準備ができた証拠です。後に続く集結では20ピップスは越えて来ます。これで始めに戻りましたね！さて、この3つ目の谷をもう少し近くで見てみましょう：

図26: USD/JPY，1分足チャート

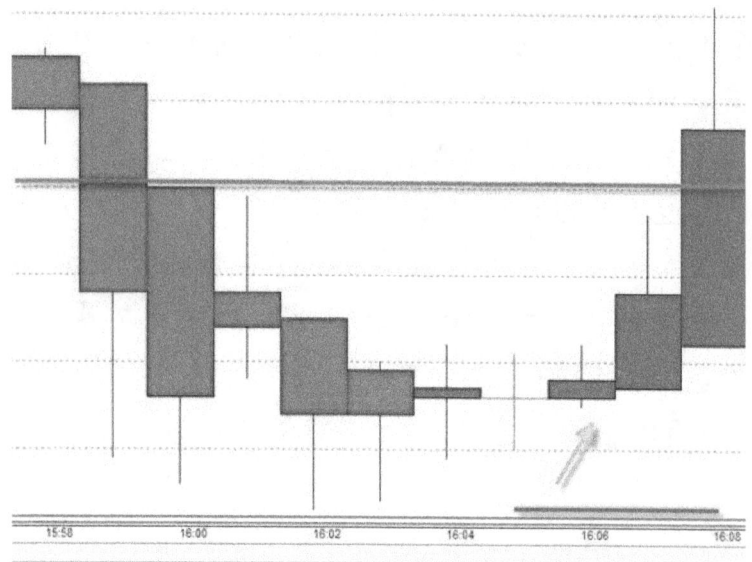

119-レベルの2、3ピップス下(青の水平線)でローソクは小さくなり続けて緑に変化した2つの十字線を形成しています。3つ目の谷を抜ける時にやっと、スキャルパーは考えられるだけのきついストップロス(2-3ピップス)を設定してロングポジションを取ることがで

きます。毎回これで成功するわけではありませんが、今回はUSD/JPYで20ピップス稼げました。ローソクの下の赤の小さい線がストップです。

図 27: DAX，1分足チャート

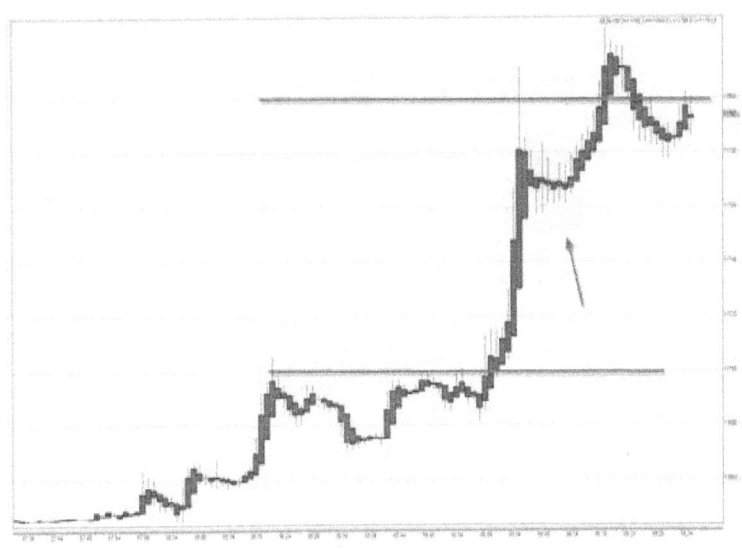

図27はDAXの1分足チャートを表しています。この時点でDAXは顕著に上昇している事を覚えていて下さい。早朝、買い手が11.700レベル（下部の水平線）を越えようとしているのが見て取れます。午前9:00（フランクフルトの取引開始時刻）にやっと成功し、6分で100ポイント稼ぐことに成功しました。これはとっても重要な情報です。何故なら強気筋がマーケットの絶対的な支配権を持っていて弱気筋はなすすべがないということだからです。スキャルパーにとって大事なのはこの一番初めの動き（矢印）から何が起こるかです。これを更に詳しく見ていきましょう。

図 28: DAX，1分足チャート

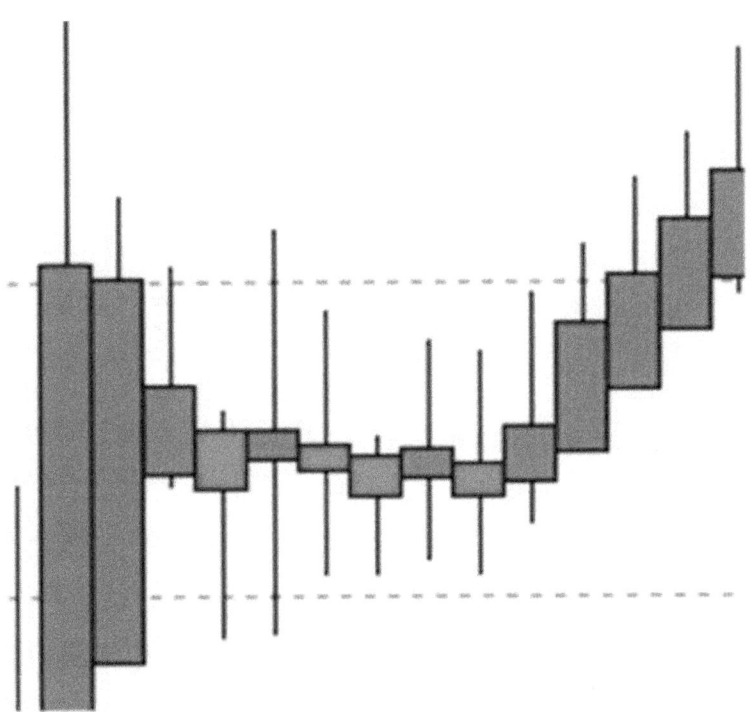

1分足チャートを見ると、100ポイントの動きの後マーケットは良くて横ばいに動きます。色が変化すると5つのスピニングトップと2つ

の強気なハンマーが出現します。ここで売りを行った人は成果を得られなかったでしょう。スピニングトップと特にハンマーはバイヤーが小さな補正も許さなかった事を示します。確かに、利益は作られているのですが、売りの流れに持っていくためには不十分です。欲深い買い手が売り手の出した物を即座に買っています。この8分のフェーズの後、計45ポイントの増加に至っています。

ここでの教訓:大きな動きの後は売りは断固として禁止です(6分で100ポイントですよ！)。売りに走った人はこのマーケットで大抵損、良くて差し引き0です。強気筋の巨大な力を理解して短い時間をやり過ごした後に買いへ転向するのが賢明です。

8. トレンドデイをどう理解するか

「普段」のマーケットではスキャルパーは売り・買いどちらも行います。そういう時マーケットは大抵横ばいに動いています。この様な状況ではサポート(前日のスイングロウ、ラウンドナンバー)で買い、レジスタンス(前日のスイングハイ、ラウンドナンバー)で売るのが安全です。損もするでしょう。しかしご存知のようにこれが私たちのビジネスです。一方危険なのがトレンドデイに逆張りスキャルピングを行うことです。大きな額の勢いのある力に逆らおうとしているため当然です。また、夕方になれば今日がトレンドデイであったか簡単に判別がつきます。だけどこれを午前9時に分かりますか？分かりませんよね。誰も分からないのです。統計値によると

70%以上の時間は横ばいの状態です。本書でご紹介しましたセットアップは取引時間の大部分で問題なくお使いいただけます。

もしマーケットが最初上へ動き、あなたがそれで売りを行った直後にまた上昇しているようなら要注意です！今日一日中がトレンドデイである可能性が濃厚になってきました。一般的にトレンドデイは週1,2日あります。すぐ判別がつくような事ではありませんが、ヒントはいくつかあります。前2日(あるいは3日)が典型的な１日(横ばいな１日)だったなら今日がトレンドデイである可能性が高まります。マーケットが始め反対方向に動く事も兆候の１つになります。これはヨーロッパ時間早朝のFxマーケットでよく起こります。まず"弱気筋"が最初マーケットを底まで落とします。キャッチするレベルの目安は一般的に"弱気筋"の巨大な売り注文が埋まるのを待っている位置、つまり前日のロウのレベルです。勿論、大きなお友達はマーケットをま

た上昇させる前に出来るだけ割安に手に入れたいと考えています。多くの場合、集結はロウでいくらかの「強化」があった後に行われます。紳士(淑女)の皆さんは当然ながら、最初は自分の売り注文が実行されて欲しいと考えるでしょう。このシナリオをなぞりたいなら、図22-23をご覧ください。

時々急落かと思うような急速な下降を体験する事があるでしょう。そして同じ勢いで引き上げられます。これはチャート上でVの字に見えるのでVフォーメーションと呼ばれます。図18-19にサンプルがあります。もう一度言いますが、これらはスキャルプをする絶好の機会です。トレンドデイは主要な経済データや大銀行の主要なプレスカンファレンスが待ち受けている時によく起こります。メディアの言う、「振り幅の増加」に期待すべきです。そのような日ではメイントレンド(日ごとまたは週ごと)が回復したという事です。EUR/USDなどのマーケットは１日で簡単

に100から150ピップスも動きます。あなたもスキャルパーとしてこの恩恵に預かりたいですよね？

最も難しいのが一日中上昇していたマーケットで売りを行うことです。私の経験がそう言っています。何度も同じ過ちを繰り返していますからね。強気筋のマーケットで売りを行うのは－自分1人の生活費を稼ぐのでさえ難しいのです。その反対も然り。下降しているマーケットで寛大な売り手として絶えず活動していくのなら、険しい（そしてお金のかかる）道を選択した事になります。

そのためあなたはスキャルパーとして全体像を把握することが何よりも大切です。「自分」が今いる毎日足や4時間足のチャートが上昇しているのか、下降しているのか、はたまた横ばいなのかを分からないという事は自分が今何をしているのか実は分かっていないという事になります。外科医並みの正確なス

キャルピングを行っていたとしても、マーケットの全体像を知っておくべきです。トレンド、経済のカレンダーを学んでください。
時々笑ってしまうかもしれません。質の良い新聞の経済欄を読み込んでください。そのような新聞の利点は一時的にでもインターネットから離れている所です。もしかしたら優秀なアナリストが推定をしている通貨マーケット（とアソシエイト・ボンドマーケット）では少しか離れられないかもしれません。質の良い葉巻はどうですか？

強気筋のマーケットでは買いから、弱気筋のマーケットは売りからアプローチするべきという事を分かっていただけたでしょうか？その方が対峙するより可能性があるというだけなのですが。けれども、強気筋のマーケットでは売るべきではないのか？と言われたら決してそうでは無い、と付け加えておきます。スキャルパーにとってどのような状況においても取引のチャンスはありますが、強気なマ

ーケットに買いで挑んでも売り手はいつでも活発になる事ができる事を覚えておいてください。私達は逆張り注文をするスキャルパーですが、絶対トレンドに逆らうように注文するわけではありません。そのような場合は自分で注意して動いてください。

9. トレンドデイはどうスキャルプするのか

トレンドデイは逆張りをするスキャルパーにとって脅威ではありません。むしろ、正反対です！一般的に、トレンドデイは最も稼げる日です。名前の通り、トレンドデイではマーケットがはっきりとトレンドに入るのが分かります。一見すると、トレーダーにとって簡単に稼げるように見えますが経験から稼げる日であるのに十分に儲けられていなかったり、損している事さえあります。上記が起こる理由については本書の範囲外です。トレーダーの心理学に踏み込んだ内容となります。

図 29: EUR/USD, 2分足チャート

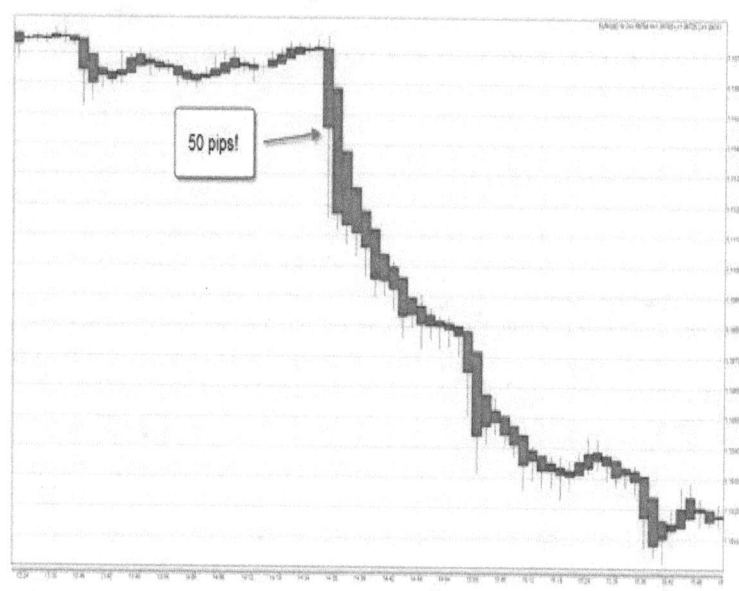

図左上を見ると始めチャートは横ばいであったことが読み取れます。ニューヨーク時間の午前8時半までヨーロッパではずっとその状態でした。それからアメリカの2015年4月の消費者物価指数が発表されました。予想していたよりも動向は弱いものでしたが、マーケットの参加者はそれでドルを大量に買い、ユ

ユーロを売る事を止める事はありませんでした。何故でしょうか？ EUR/USDの主要トレンドが何ヶ月も売りだったからです。質問はありますか？

逆張りを狙うスキャルパーとしてはカウンター・トレンドがほぽ無いので問題です。発表の直後、50ピップスほど下降しました。それからマーケットは大した抵抗もなしに更に120ピップスの下降を行いました。このような時はいつ買っても利益を生み出せます。だけど私から１つ忠告をしておきます。行っても良いのですが、きついストップを設定してください。ストップアウトしてしまった時は、まぁそれはただ運が悪かっただけです。

むしろ、マーケットが短時間(1分や数秒でも)取り返したときに普段より小さいポジションで売りに出るべきです。その場合私は大きめにストップを設定します(例えば、20ピップスほど)。繰り返し言いますが、常に成功

するわけではありません。けれども時として良い感じの利益生むことができます。加えて、そのような重要な状況はよく金曜日に起こります。週の終わりに大成功を収めるのも良い経験にも気分にもなりますしご褒美も待ってますよ！

10. 結論

聡明なトレーダーなら私が今まで"リスクとマネーマネジメント"というテーマを避けてきたことに気づいていたでしょう。内容が面白くないからではありません！あなたはスキャルピングの本質をより丁寧に扱った本シリーズ「スキャルピングは楽しい！」の2冊目を読み終わりました。私が行う取引方法のスタイルを色々なマーケットの例を通して理解していただけたでしょうか。マネーマネジメントは大変大切な事項であるため別に本シリーズの3冊目で解説していこうと思います。主に以下のトピックを扱います：

1. 取引結果はどうやって評価するか？

2. 注目すべき値は何か？

3.結果を有効利用するために何のパラメーターを変えられるか?

方法を理解し、更にはリスクマネジメントの本質をマスターすれば、あなたの取引キャリアにとって怖いものなどもはや何もありません。

皆様の健闘を祈っています!

Heikin Ashi Trader

pdevaere@yahoo.de

Heikin Ashi Traderが執筆した他の本をAmazonで入手

スキャルピングは楽しい！

3巻:取引結果をどうやって評価するか?

スキャルピングは株式市場で最も素早くお金を稼ぐことができる方法です。トレーダーの資本をこれ以上効率的に伸ばす方法は他にありません。その理由を4巻から成るシリーズでHeikin Ashi Traderが解説します。

3巻目の本書では、スキャルパーの取引結果がどう分析され、正しく評価されているのかという質問に答えます。1人のトレーダーの週毎の結果に基づいて、株式市場で長期間成功する為にはどのような因子が大事であるか調査します。計12週間分の取引結果を分析し、駆け出しのプロの成長曲線の本質を理解させます。

高い効率を持つスキャルピング戦略は1分足チャートなどの短い時間軸だけでなく、長い時間軸においても有効です。この普遍的な方法を使って株価指数連動型や通貨市場での取引ができます。良く使われる道具は商品先物、外国為替、そしてCFDです。

内容:

1. トレーディングの記録を武器にしよう

2. 新しいスキャルパーの最初の12週間
- 1週目
- 2週目
- 3週目
- 4週目
- 5週目
- 6週目
- 7週目
- 8週目
- 9週目
- 10週目
- 11週目
- 12週目
3. ジェニーは今どうしているか?
4. スキャルピングはビジネスだ

著者について

Heikin Ashi Traderは先物デイトレードと外国為替を15年以上扱ってきたトレーダーである。スキャルピングとファストデイトレーダーが専門領域だ。これに加えて取引活動から培ったノウハウを綴った書籍を複数執筆している。内容は主にスキャルピング、スイング

トレード、リスクとマネーマネジメントについて。

奥付

本文: © Copyright by Heikin Ashi Trader

Swiss Post Box 106287

Zürcher Strasse 161

CH-8010 Zürich

Switzerland

無断複製禁止

www.ingramcontent.com/pod-product-compliance
Lightning Source LLC
Chambersburg PA
CBHW070105210526
45170CB00013B/746